AF474930

GUERRE 1870-71

JOURNAL DE LA 4me BATTERIE

DU

3me RÉGIMENT D'ARTILLERIE

DE LA

GARDE NATIONALE MOBILE DU NORD

GUERRE 1870 - 71

JOURNAL DE LA 4me BATTERIE

DU

3me RÉGIMENT D'ARTILLERIE

DE LA

GARDE NATIONALE MOBILE DU NORD

2me CIRCONSCRIPTION DE CAMBRAI

A MONSIEUR LE MINISTRE DE LA GUERRE

par M. Charles DELCOURT

Capitaine de la 4me Batterie.

CAMBRAI — LILLE — MAUBEUGE — LE CATEAU — LANDRECIES — NOYELLES — WALLERS — TRÉLON.

CAMBRAI

IMPRIMERIE ET LIBRAIRIE DE SIMON

RUE SAINT-MARTIN, 18.

1871.

A Monsieur le MINISTRE DE LA GUERRE,

A VERSAILLES.

MONSIEUR LE MINISTRE,

Dès que M. le Préfet du Nord m'a fait l'honneur de me transmettre par sa lettre du 3 courant, votre note circulaire du 21 Juillet dernier, je me suis empressé de rédiger le récit que vous me demandez au moyen de notes et pièces authentiques conservées avec soin dans les archives de la batterie que j'ai eu l'honneur de commander pendant toute la durée de la guerre 1870-71.

En vous adressant, Monsieur le Ministre, ce rapport que j'ai l'intention de publier, je n'ai qu'un but, me conformer à votre ordre, et perpétuer le souvenir de la 4me Batterie dans l'esprit et le cœur de ceux qui lui ont appartenu et des personnes qui s'y sont intéressées.

Veuillez agréer, Monsieur le Ministre, l'assurance du profond respect et du bien sincère dévouement de votre subordonné.

L'ex-capitaine de la 4me Batterie du 3me Régiment d'Artillerie de la Garde nationale mobile du Nord.

Signé : CHARLES DELCOURT.

Cambrai, le 17 Août 1871.

GUERRE 1870-71

JOURNAL DE LA 4me BATTERIE

DU 3me RÉGIMENT D'ARTILLERIE

DE LA

GARDE NATIONALE MOBILE DU NORD

Nommé Capitaine dans la Garde Mobile du Nord (Artillerie, 4me Batterie, section de Cambrai) par décret en date du 14 août 1869, sur la proposition du général Jeanningros, et du général de division de Salignac Fénelon, commandant à Lille, M. Charles Delcourt se mit immédiatement sous les ordres de Monsieur le chef d'escadron Souchon, et à la disposition de M. Mabillon, capitaine-major, pour tout ce qui avait rapport à l'organisation de la Batterie dont le commandement lui était confié.

Par décisions ministérielles, en date du 20 juillet 1870, étaient promus à la 4me batterie comme lieutenant en 1er, M. Ch. Pagniez, comme lieutenant en 2me, M. Léon Moraux.

Afin de se mettre à la hauteur des obligations de leurs grades, quelques jours après leur nomination, ces jeunes officiers allaient prendre résidence à Douai avec M. Alfred Bertrand, proposé pour le grade de maréchal-des-logis instructeur, afin d'y suivre un cours spécial sur le service des bouches à feu.

A la date du 6 août 1870, les cadres de la Batterie étaient entièrement formés des hommes proposés au chef d'escadron Souchon, et présentés au Général Colson commandant la subdivision, par le Capitaine qui les avait choisis parmi ceux qui avaient montré le plus de zèle, le plus d'aptitude pour le commandement aux exercices et manœuvres commencés dans le courant du mois de juillet.

Le 14 août, tous les hommes de l'arrondissement qui appartenaient comme mobiles aux classes 1865, 1866, 1867, 1868, 1869 étaient réunis à la citadelle par M. le comte de Hogendorp, sous-préfet, et par M. de Bourboulon, Colonel commandant la place.

L'appel par compagnie et batterie terminé, les hommes reçurent l'ordre de retourner chez eux pour y attendre d'être appelés. Il était deux heures de l'après-midi. Quelques heures plus tard, Monsieur le Sous-Préfet transmettait aux chefs de corps et de détachement l'ordre qu'il venait de recevoir de Monsieur le Préfet du Nord de garder définitivement les Mobiles et d'en faire commencer immédiatement l'instruction, bien qu'ils ne fussent pas habillés.

A partir de ce moment, les Mobiles du Nord étaient appelés à l'activité, ils recevaient des billets de logement chez l'habitant, l'allocation de 1 fr. par jour pour les canonniers, et de 1 fr. 25 pour les sous-officiers, et le lendemain ils avaient six et huit heures d'exercices et de travail par jour à la Citadelle, sous la direction et la surveillance de M. Bley, Capitaine, de M. Leblond, garde d'artillerie de la place de Cambrai, de leurs officiers et sous-officiers, de sous-officiers de l'armée active, et de MM. Boileau et Saint-Aubert, anciens sous-officiers, auxquels le Capitaine avait fait appel, pour pousser plus activement l'instruction des jeunes mobiles de sa batterie.

Le 20 août, la 4me Batterie quittait Cambrai pour se rendre à Lille, pour y recevoir l'habillement, l'armement et l'équipement.

Rendue à la Gare, avant de monter en wagon, il lui fut donné lecture de la note suivante :

NOTE

« La guerre est déclarée, la France fait appel au « patriotisme de ses enfants.

« Nos colonnes d'attaque sont déjà formées par notre « vaillante armée active.

« Celles de la réserve le seront bientôt par la Garde « nationale Mobile.

« Appelé à l'honneur de vous commander, vous trou- « verez en moi un ami autant qu'un chef.

« Vous rendrez ma tâche facile, animés que vous êtes « tous des plus nobles sentiments.

« Notre batterie fera une famille bien unie.

« Elle se distinguera par sa bonne tenue, sa discipline « et sa bravoure.

« Elle méritera de la patrie en la défendant vaillam- « ment et avec honneur.

« Elle répondra à l'attente de nos concitoyens que « nous quittons, dont les vœux nous accompagnent « ainsi que tous les défenseurs de la patrie.

Cambrai, le 20 août 1870.

Le Capitaine commandant la Batterie,
Signé : CH. DELCOURT.

Arrivée à la citadelle de Lille à deux heures et demie, la Batterie en sortait à six heures et demie, la troupe habillée, équipée, et ayant reçu une journée de solde et des billets de logement chez l'habitant.

Armée dans la matinée du lendemain 21 août 1870, la Batterie sortait de la citadelle de Lille pour rejoindre la Gare et se rendre à Maubeuge.

À son arrivée à Maubeuge dans la soirée du 21 août elle y fut accueillie avec bienveillance par les autorités civiles et militaires et par les habitants.

Le lendemain, 22 août elle était logée dans un des quartiers destinés à la cavalerie. Une cantinière y était installée. Elle était tenue à nourrir les sous-officiers, les brigadiers et les canonniers autorisés à vivre en dehors de l'ordinaire qui avait été organisé immédiatement malgré les difficultés sans nombre qui se présentaient pour arriver à le faire dans des conditions passables vu la cherté des vivres et le moyen de s'en procurer, ainsi que le matériel de cuisine nécessaire, que le Génie ne pouvait pas mettre à notre disposition et que le Conseil d'Administration ne nous envoya que le 19 octobre.

Son installation terminée, tous les services convenablement assurés, un tableau de travail prescrivant l'emploi du temps de la journée, consacrée tout entière aux exercices, manœuvres, théories, tir à la cible, marches militaires et travaux d'armement de la place, fut à partir de ce jour suivi ponctuellement et par tous les temps : au Manége, à l'Arsenal, sur les remparts, et sur le terrain de manœuvres.

Le 2 septembre, la batterie passait de l'administration de l'Intérieur à l'administration de la Guerre et touchait l'allocation due au corps de l'Artillerie.

Le 4 Septembre, la Batterie était consignée au quartier. Un piquet était commandé et restait dans la cour du quartier en attendant des ordres. Vers dix heures l'ex-prince impérial, accompagné de son aide-de-camp, escorté de quelques cent-gardes commandés par un officier et suivi d'un personnel peu nombreux conduisant son fourgon de bagages et ses chevaux se réfugiait à Maubeuge et recevait chez Madame veuve Marchand une bienveillante hospitalité. Vers quatre heures il quittait incognito Maubeuge et la France accompagné de son aide-de-camp.

Le 5 Septembre de grand matin, les cent-gardes reprenaient par chemin de fer la direction de Paris, et la suite du fils de l'ex-empereur Napoléon III le suivait dans l'exil.

Dans la nuit du 4 au 5 septembre, le Colonel commandant la place avait réuni les chefs de corps et de détachement pour leur annoncer la malheureuse défaite de Sedan.

A l'appel du matin, le Fourrier lisait la note suivante :

NOTE

« De bien graves évènemements viennent de se « passer ; nos braves frères d'armes, après des luttes « inégales où ils se sont couverts de gloire ont éprouvé « des revers.

« L'empereur a été fait prisonnier par l'ennemi, le « Corps législatif a prononcé sa déchéance et acclamé « la République comme pouvant seule sauver la France,

« nous serons ce que nous avons été sous l'Empire, « les défenseurs de la patrie, de l'ordre et de la « société.

« Dans un moment aussi solennel, nos liens doivent « se resserrer, pour prouver à notre cité qui nous suit « partout, que nous sommes de nobles enfants de la « France et qu'elle peut compter sur nous.

« Tous, vous vous montrerez aussi braves que vos « aînés, qui vous ont précédés sur les champs de « bataille, pour combattre et chasser de notre terri- « toire l'audacieux ennemi qui l'a envahi.

« Tous vous obéirez à ceux qui sont appelés aujourd'hui « à nous gouverner ; tous enfin, vous vous montrerez « aussi calmes que dignes, et après avoir tenu cette « ligne de conduite dont aucun de nous ne s'écartera « quel que soit l'avenir qui nous soit réservé ; quoi « qu'il nous arrive, nous aurons, ou nos familles au- « ront, la satisfaction de pouvoir dire que nous avons « accompli notre devoir.

« Je ne faillirai pas au mien ; plus que jamais « vous me verrez sans cesse au milieu de vous, par- « tageant vos peines, vos fatigues et vos dangers au « cri qui sera comme toujours notre mot de ralliement :

« VIVE LA FRANCE ! »

Maubeuge, le 4 Septembre 1870.

Le Capitaine commandant la Batterie,

Signé : CH. DELCOURT.

Le 6 Septembre, la batterie recevait l'ordre du général commandant la subdivision, de se rendre immédiatement par le premier train à la gare du Cateau, dont le chef avait dû recevoir des instructions pour faciliter l'installation de la troupe et assurer la surveillance de la voie.

Dans le trajet de Maubeuge au Cateau, les hommes composant l'effectif de la batterie purent seulement bien juger des désastres de Sedan, à la vue des troupes campées autour de Landrecies, des malheureux soldats de toutes armes que nous rencontrions çà et là sur notre parcours. L'ennemi n'était pas loin, il pouvait chercher à occuper la ligne, dont la batterie avait pour mission de l'empêcher de s'emparer.

Descendue à la gare du Cateau, le chef de gare n'était même pas avisé de son arrivée. Il n'avait aucun local à lui donner ; dépourvus de tentes et objets de campement, les hommes ne pouvaient pas être établis au bivouac ni faire la soupe (ce n'est que le 25 Octobre que la batterie reçut les effets de campement).

La ville était trop éloignée de la gare, pour qu'on put songer à y aller loger, ni même s'approvisionner de vivres, le service de surveillance à exercer sur la voie exigeant la présence continuelle à la gare de tout l'effectif, officiers et troupe de la batterie.

Force fut de traiter avec un aubergiste pour assurer la nourriture de la troupe pendant le temps nécessaire à la construction d'un fourneau, et à l'installation d'une cuisine dans un des bâtiments de la gare.

Dans cette position difficile, MM. Chantreuil et Seydoux firent preuve d'un patriotisme et d'un désintéressement qui leur fait le plus grand honneur. M. Chantreuil mit à la disposition de la batterie les vastes magasins de sa mailleterie et de la paille pour camper officiers et soldats.

M. Seydoux procura des paillasses, des couvertures et des manteaux pour les hommes placés en sentinelles et en vedettes. Il fit construire des fourneaux avec chaudières où il fut possible de faire la soupe, 48 heures après l'arrivée de la batterie à la gare du Cateau.

Par ordre du général commandant la subdivision, le 11 Septembre à 8 heures du matin, les hommes ayant mangé la soupe, la batterie quittait la gare du Cateau où elle était remplacée par une compagnie d'infanterie de la mobile, pour se rendre par étapes à Cambrai.

Arrivée à midi, à quatre heures la troupe était installée au Quartier de Cavalerie et y mangeait la soupe du soir. Dès le lendemain matin elle reprenait ses exercices, manœuvres théories et travaux.

Le sous-intendant militaire, M. Boissonnet, chargé de la surveillance administrative des troupes en garnison à Cambrai, ayant remarqué que la 4me batterie allait au travail avec le pantalon et la tunique d'ordonnance, les seuls effets d'habillement qui lui avaient été délivrés jusqu'à ce jour, les blouses ne nous ayant été envoyées que le 25 Octobre, donna l'ordre de réclamer des pantalons de toile et des caleçons au capitaine d'habillement. Cet officier répondit qu'il n'y en avait pas encore en magasin; M. Boissonnet enjoignit l'ordre d'avoir à passer d'urgence un marché avec un fabricant pour qu'il ait à fournir à la batterie un nombre de pantalons et de caleçons égal à son effectif. Ce marché conclu, le capitaine-major ne voulut le reconnaître, que contraint et forcé par M. le sous-intendant Boissonnet, bien que cependant il ait été passé à des prix moins élevés que ceux auxquels le magasin a fourni plus tard ces pantalons et caleçons.

Par ordre du général commandant la subdivision, le 5 Octobre la batterie quittait de nouveau Cambrai par le train de 8 heures 50 minutes du matin. Elle arrivait le même jour à Maubeuge, où officiers et soldats étaient heureux de retrouver le respectable commandant de place, M. le colonel de la Plane, le maire de la ville, M. Horrie, fils, le capitaine d'artillerie, M. Robbe et son garde, M. Canoville, dont tous nous avons été à même d'apprécier le dévouement, le désintéressement, et les capacités dans la direction des travaux d'armement de la place, les habitants de cette bonne ville, enfin nos camarades de l'infanterie de la mobile du Nord que nous y avions laissés, et qui devaient bientôt y être remplacés en partie par une compagnie de nos braves et intrépides marins, commandés par le capitaine de Leuridan et le lieutenant de la Junchère, officiers des plus distingués et dont chacun de nous avait été heureux de profiter des leçons, de l'exemple et des conseils expérimentés pendant leur trop court séjour avec nous; le bataillon de la garde nationale mobilisée de l'Aisne, circonscription de St-Quentin, commandé par le commandant Noël, étant venu les remplacer à Maubeuge.

Dès le jour même de sa rentrée à Maubeuge, la batterie reprenait son ancien casernement, son service, ses travaux, exercices, théories et manœuvres.

Les évènements s'aggravant de plus en plus, M. Mazel, ancien colonel d'artillerie retraité, commandeur de la Légion-d'Honneur, fut appelé au commandement supérieur de la place de Maubeuge. La nomination de cet officier de grand mérite et de hautes capacités militaires ne contribua pas peu à augmenter l'instruction et surtout la confiance des défenseurs de la place.

Le 4 Décembre, pour honorer et non fêter la Sainte-Barbe, patronne des artilleurs, le colonel Mazel, commandant supérieur et le colonel de la Plane, commandant la place de Maubeuge, passèrent en revue la 4me batterie, à l'issue de la messe militaire qu'elle avait fait chanter. Les hommes de la 4me batterie profitèrent de cette occasion pour offrir à leur capitaine un témoignage de leur estime et de leur confiance.

Le 10 décembre, par ordre du général Faidherbe, commandant l'armée du Nord, le lieutenant Pagniez fut mis hors cadre comme officier d'ordonnance à l'état-major général.

Il fut remplacé à la batterie comme lieutenant en 1er, par le lieutenant Moraux, remplacé comme lieutenant en 2me par le maréchal-des-logis-chef Démazure, venant de la 6me batterie.

L'effectif de l'artillerie de la place, comprenant l'artillerie sédentaire parfaitement organisée et la 4me batterie, ayant été par le Conseil de défense reconnu insuffisant pour servir convenablement en cas d'attaque les pièces armant les remparts, et les redoutes de la place, après examen d'un plan levé par le maréchal-des-logis Bertrand, ingénieur de 1re classe, sortant de l'Ecole Centrale, et d'un rapport du capitaine de la 4me batterie, le commandant supérieur ordonna que cent hommes choisis parmi les plus intelligents dans les compagnies d'infanterie de la garde nationale mobile du Nord, en garnison à Maubeuge, seraient adjoints à la 4me batterie.

Ces auxiliaires pleins de bonne volonté, et sous la surveillance de leur sergent Piette, furent bientôt mis à même de servir les pièces et de rendre de bons et sérieux service ; le maréchal-des-logis instructeur Bertrand, le brigadier Bracq et le fonctionnaire brigadier Eugène Couvreur, furent chargés de leur instruction sur le service des bouches à feu.

Le 21 Décembre 1870, sur la demande du colonel Martin et par ordre du colonel Mazel, commandant supérieur à Maubeuge, la batterie a fourni deux détachements partis de Maubeuge sous le commandement du maréchal-des-logis Ch. Tingry, pour faire partie de la colonne expéditionnaire formée à Vervins par le colonel Martin. (Voir à la fin le rapport du maréchal-des-logis Tingry.)

Le 21 Janvier 1871, à 5 heures 1/2 du soir, la batterie recevait l'ordre du colonel Mazel, commandant supérieur de la place de Maubeuge, de partir immédiatement pour Landrecies que l'ennemi devait attaquer la nuit. A 6 heures, un train spécial emportait à toute vapeur les hommes de la batterie et le bataillon des mobilisés de l'Aisne dont il est parlé plus haut et auquel est dû un hommage bien mérité. Promptement et sérieusement organisé, composé d'hommes robustes et surtout animés d'un bon esprit, bien commandé, ce bataillon faisait une excellente troupe avec laquelle la 4me batterie était heureuse de marcher à la rencontre de l'ennemi.

Arrivées à Landrecies, les troupes campèrent à la mairie, sur des restes de paille sur laquelle avaient été couchées, depuis le commencement de la guerre, les nombreuses troupes de passage à Landrecies. Les commandants des détachements, appelés chez M. le capitaine de frégate Cossé, commandant supérieur, pour prendre ses ordres, ils rencontrèrent M. de Bonnefous, chef d'escadron commandant la place. En sortant de chez cet officier supérieur, ils étaient bien convaincus que les troupes qui se trouvaient à Landrecies étaient placés sous les ordres de chefs aussi distingués que braves qui défendraient vaillamment la place. Il était une heure assez avancée dans la nuit lorsque la batterie fut prévenue que M. le Capitaine d'artillerie de la place lui ferait faire le lendemain matin à 5 heures la reconnaissance des postes qu'elle occuperait sur les remparts.

Le 22 janvier au matin, à l'heure indiquée, la batterie se formait en bataille en face de la Mairie et attendait M. le Capitaine d'artillerie de la place que précédait un porte-fallot ; il la conduisit sur les remparts. Ces remparts étaient dans un état presqu'inaccessible ; la boue, rendait l'abord des pièces en batterie et des magasins très-difficile ; le service et l'approvisionnement de ces pièces plus difficiles encore. Aucune des embrasures des pièces n'étant gabionnées ni garnies de portières, ni sacs-à-terre, les canonniers servants se trouveraient donc très à découvert. Il n'était plus temps de faire des travaux ; toute observation était inutile, il fallait accepter les choses dans l'état où elles se trouvaient et en tirer le meilleur parti possible. Cette reconnaissance faite, l'ennemi n'étant pas en vue de la place, ni signalé comme s'en approchant, l'ordre fut donné de nous rallier à l'hôtel-de-ville où des billets de logement furent distribués à la troupe ainsi qu'une journée de solde augmentée d'une gratification prise sur le boni de l'ordinaire, pour aider les hommes à se procurer des vivres qui étaient hors de prix.

Le lendemain lundi 23 janvier après l'appel de onze heures au moment où le maréchal-des-logis chef faisait la solde de la journée augmentée comme la veille de la même gratification, un instant après l'entrée dans la place d'un bataillon du 75me régiment de ligne venant de Lille, l'approche de l'ennemi fut signalée et bientôt la fusillade se fit entendre.

La 4me batterie se rendit au pas de course au bastion n° 1 et aux ouvrages à cornes et avancés, postes que venait de lui assigner M. le Capitaine d'artillerie de la place. Une compagnie du 75me commandée par le capitaine Rotier déployée en tirailleurs facilitait considérablement son tir, comme principale troupe de soutien, la mobilisée n'étant armée que de fusils généralement en mauvais état et de courte portée.

Inutile de parler ici de l'état de l'armement de la place, de citer la conduite, de tel ou tel, laissons ce soin à d'autres. Bornons nous à dire que le 75me de ligne, la mobile et la mobilisée étaient à leurs postes, que trois de nos braves camarades Défossez brigadier, Grésillon canonnier de la 4me batterie et Dupont canonnier de la 7me batterie, attaché à une pièce de la 4me batterie, ont été frappés de balles ennemies aux postes qui leur avaient été assignés par leurs chefs de pièce ; que deux d'entre eux sont morts des suites de leurs blessures, Défossez à Landrecies, Grésillon à l'hôpital de Maubeuge, que l'ennemi fort de 4 à 5,000 hommes avec 2 batteries d'artillerie surpris d'une résistance qu'il ne s'attendait pas à rencontrer devant la petite place de Landrecies défendue par 1,000 à 1,200 hommes de la mobilisée, de la mobile et du 75me de ligne ; ces derniers seulement armés de fusils chassepots ; qu'étonné surtout des pertes que lui avaient fait subir l'artillerie et la mousqueterie de la place, dirigeant leurs feux sur les glacis et les gares, jusqu'où son infanterie et sa cavalerie s'étaient aventurées, que l'ennemi a cessé le feu après un bombardement de 4 heures 1/2 ; que ce laps de temps lui a suffi pour incendier l'arsenal et plusieurs maisons, causer des dommages à un grand nombre d'autres propriétés, et à l'église des dégâts très-sérieux, et qu'il lui eût suffi pour détruire presqu'entièrement la ville de Landrecies, si l'une de ses batteries, celle du plus fort calibre, établie en face de la porte de France n'avait pas manqué de précision dans son tir. (Tous ses projectiles sont tombés à hauteur, mais sur le côté de la ville) ; qu'enfin après avoir quitté les remparts, les hommes de la 4e batterie qui n'avaient pas été commandés pour y rester de service pendant la nuit, ont grossi le nombre des travailleurs dirigés avec une grande habileté, un grand sang-froid, et beaucoup d'énergie par M. le Capitaine des Pompiers et M. le Juge-de-Paix, pour combattre l'incendie qu'ils parvinrent à circonscrire et à maîtriser.

Tout le monde s'attendait à voir recommencer l'attaque, l'incendie pouvant, pendant la nuit servir d'objectif à l'ennemi. On était sur le qui-vive, et dès la pointe du jour, tout le monde était à son poste. L'ennemi s'était retiré emportant avec lui, ses morts et ses blessés.

Le lendemain la 4me batterie enterrait dans l'intérieur de la ville, au pied de l'église, le brave et regretté brigadier Défossez. Elle lui rendit les honneurs militaires, et, avant de laisser éloigner la foule consternée qui composait le cortége funèbre, le capitaine qui commandait prononça d'une voix émue les paroles suivantes :

« Messieurs et vous tous enfants du Cambrésis.

« Avant de nous éloigner de cette tombe, permettez « moi de rendre un dernier hommage à notre brave « frère d'armes dont nous venons de déposer la « dépouille mortelle.

« Pardonnez-moi mon émotion aussi profonde que « légitime.

« Libéré du service militaire, Henri Défossez a été appelé « comme nous tous lorsque la patrie a été en danger.

« Bien pénétré de son devoir, il l'a accompli « courageusement, faisant abnégation de ses intérêts « personnels, de sa famille et de sa vie.

« Il nous lègue à tous, si bien unis par l'étroit lien « de la Fraternité, à son père, à sa mère, à sa veuve « et à son enfant, le plus bel héritage qu'un Français « peut envier dans le moment d'épreuves que nous « traversons.

« Honneur à ce brave camarade que nous pleurons.

« Honneur à cette noble femme qui l'a recueilli et « soigné comme la plus tendre des mères ! Mme Hortense « Beaurin, ouvrière blanchisseuse, vivant de son travail.

« Honneur à notre brave et regretté frère d'armes, « mort vaillamment, et dont tous nous suivrons « l'exemple en nous dévouant au salut de notre mère « patrie.

« Adieu Défossez ! Adieu !!! »

Le 25 janvier, un rapport de la journée du 23 était remis au commandant supérieur de la place de Landrecies. Un double en était adressé au colonel Souchon, commandant le régiment. Y étaient signalés comme s'étant distingués sous le feu de l'ennemi.

Le maréchal-des-logis chef Capliez, — les maréchaux-des-logis Watremez Emile et Bertrand, — le brigadier Bracq Alfred, — le trompette Maillez, faisant le service de 1er servant à une pièce, et Léon Choquet, ancien militaire de l'armée du Mexique, trompette d'ordonnance auprès du capitaine.

L'ennemi s'étant retiré, l'armistice étant annoncé il fallait songer à réorganiser le logement et l'ordinaire pour la batterie. Les quartiers, les casernes et literies militaires étaient occupés par les autres troupes de la garnison de Landrecies. Les hommes de la 4me batterie restèrent logés chez l'habitant; Mme Mary-Soufflet (son mari était malade) voulut bien mettre à leur disposition un local avec fourneaux nécessaires pour y faire la soupe, y établir un poste de police et un magasin.

Ordre avait été donné par le commandant supérieur de la place d'en compléter les travaux de l'armement ; et par le général en chef de l'armée du Nord de pousser plus activement que jamais l'instruction de la troupe. Tous les hommes de la batterie furent employés à refaire et compléter les travaux d'armement de la place. Ces travaux achevés la reprise de l'instruction était rendue impossible ; M. le Capitaine d'artillerie de la place ayant fait enlever des magasins ou abris les armements nécessaires à la manœuvre des pièces.

L'esplanade, seul terrain de manœuvres que possède Landrecies était occupé à toutes les heures de la journée par le bataillon du 75me régiment d'infanterie de ligne, sans pouvoir obtenir qu'il en soit fixé une pour les 4me et 7me batteries ; il en fut rendu compte au commandant supérieur, au commandant de la place de Landrecies, au colonel du régiment, ce qui ne changea rien aux choses et ne rendit pas l'instruction plus possible.

Le 28 janvier 1871, la batterie perdait avec regret le maréchal-des-logis instructeur, Bertrand Alfred, promu au grade de lieutenant de la première batterie du régiment. Par ordre du Colonel en date du 11 février 1871, il était remplacé comme maréchal-des-logis instructeur par le brigadier Bracq Alfred.

M. Demazure, le seul lieutenant présent à la batterie depuis le passage du lieutenant Pagniez dans les cadres de l'Etat-Major, ayant obtenu de permuter avec le lieutenant Haeuwe de la 6me batterie, partit le 16 février 1871 et son permutant arriva le 19 février 1871.

Cette permutation ayant été annulée, le lieutenant Demazure, obligé de rejoindre la batterie, obtint du général commandant la subdivision, un congé d'un mois ; la batterie restant sans autre officier que son capitaine, le maréchal-des-logis chef Capliez continua à faire les fonctions de lieutenant qu'il n'a presque pas cessé de remplir depuis que le lieutenant Moraux atteint d'un rhumatisme articulaire n'a plus été en état de faire aucun service. Ce jeune sous-officier était du reste proposé pour le grade de lieutenant auquel il est apte sous tous les rapports.

L'arrivée à Landrecies de nos prisonniers rentrant de captivité ayant été annoncée, le 4 mars 1871 la batterie recevait l'ordre du commandant supérieur de la place de Landrecies d'aller prendre le lendemain cantonnement dans la commune de Noyelles. Partie de Landrecies le dimanche 5 mars, après avoir mangé la soupe à 8 heures du matin, la troupe arrivait à Noyelles à midi, après avoir fait une halte à Maroilles pour y déjeûner avec la viande qui avait été emportée par chaque homme dans sa petite gamelle.

La réception qui fut faite aux hommes par les autorités et les habitants de cette commune fut des plus amicales ; mais à peine étaient-ils installés dans leurs logements qu'un ordre arrivait d'avoir à partir le lendemain matin de bonne heure pour reprendre la garnison de Landrecies.

Partie de Noyelles à 5 heures du matin, la batterie arriva à Landrecies à 9 heures. La troupe mangea la soupe qui y avait été préparée par les soins du brigadier d'ordinaire envoyé à l'avance à cet effet avec les hommes de cuisine ; les hommes reprirent leur logement chez l'habitant.

Le 12 mars la batterie reçut l'ordre d'avoir à se rendre le lendemain avec la 7me batterie placée sous le commandement de M. Delcourt, le plus ancien des capitaines, à Wallers pour établir sous les ordres du colonel Martin, commandant supérieur à Avesnes, un cordon sanitaire par rapport à l'épidémie de la race bovine dont le pays était menacé.

Parti de Landrecies le 13 mars par le train de 10 heures du matin, le détachement était rendu à Sains à 2 heures. De Sains, la colonne se rendit à pied à Wallers en traversant la forêt, la commune de Clajeon et la ville de Trélon.

Le détachement arriva à Wallers à 5 heures 1/2, le maire de cette commune ayant déclaré l'impossibilité d'y loger tout le monde, la 4me batterie s'établit à Wallers et et la 7me alla prendre position à Baives, qui se trouve à 3 kilomètres de la commune de Wallers.

Après délibération du Conseil, composé des maires

et de l'artiste vétérinaire, réunis le 14 Mars à la maison commune de Wallers, par le commandant du détachement, ce dernier adressa son rapport au colonel Martin qui en approuva les dispositions. Elles reçurent leur exécution le lendemain matin, malgré la neige qui couvrait entièrement le sol et qui ne cessait de tomber abondamment. A midi, le détachement occupait les cinq cantonnements désignés, qui avaient pour centre Trélon, où se trouvait le chef du détachement. Toutes les reconnaissances, patrouilles, se faisaient avec le secours de la douane, dont MM. les officiers avaient bien voulu se mettre à la disposition du commandant du détachement et qui lui ont rendu sa mission facile par leur concours.

Comme aucun acte de patriotisme ne doit rester ignoré, c'est un devoir de dire ici avec quelle bienveillance la troupe fut accueillie dans ces campagnes et surtout au château de Trélon, dont la propriétaire, Mme la comtesse de Mérode, en l'absence de M. le comte de Mérode, retenu à la chambre à Versailles, a été d'une bonté, d'une courtoisie, dont le souvenir sera gardé par ceux qui en ont été l'objet ; car, sans l'accueil fait à la troupe par les habitants qui la logeait, il lui eut été impossible de vivre avec les 0,55 centimes alloués par homme et par jour, la viande se vendant 1 fr. 80 le kilog., et les légumes dans les mêmes proportions, il avait fallu renoncer à la vie en ordinaire.

Le 19 Mars 1871, un télégramme du colonel Martin, annonçait qu'un détachement du 75e de ligne venait relever le nôtre, qui devait se rendre par étapes à Cambrai et à Douai, sections auxquelles appartenaient les 4me et 7me batteries, en passant par Avesnes et Landrecies, où aurait lieu le versement de l'armement, du grand équipement et du campement. Le chef du détachement demanda et obtint que sa troupe prendrait le lendemain 20 Mars, le train à Sains à 10 heures du matin, pour être rendue et désarmée dans la même journée à Cambrai et à Douai, où elle devait être licenciée.

Comme l'ordre en avait été donné, les 5 fractions du détachement étaient réunis à Trélon à 6 heures du matin, la colonne se mettait en marche à 6 heures 1/2 et montait à 10 heures dans le train qui l'attendait à Sains. La 4me batterie arrivait à Cambrai à 2 heures 20 minutes, la 7me batterie continuait sa route sur Douai, sous les ordres de son capitaine, M. Neuilles.

La 4me batterie, réunie sur la place faisant face à la sortie de la gare de Cambrai, il fut donné lecture à la troupe de la note suivante :

« Le moment est arrivé où nous allons être rendus « à nos familles et reprendre avec elles, nos travaux, « nos occupations. Il n'a pas dépendu de nous que les « résultats de cette malheureuse guerre fussent moins « alarmants pour la France. Nous avons la consolation « d'avoir fait consciencieusement notre devoir dans tous « les postes qui nous ont été assignés et que nous avons « toujours acceptés comme doit le faire un soldat, sans « jamais rien solliciter, ni faire entendre la moindre « plainte.

« Nous avons payé notre tribut, le sang de nos « frères s'est mêlé à tant de généreux sang versé pour « la défense de notre chère patrie. Ceux des nôtres que « nous pleurons sont comme tant d'autres morts glorieu- « sement pour le salut de la France, qui leur en sera « reconnaissante.

« Au moment de nous séparer, avant de rompre ces « liens étroits de la solidarité qui nous unissait, et qui « avait fait de nous une véritable famille, acceptez les « remerciements de celui qui en avait pris la direction, « dans le seul but de servir et de défendre de nouveau « la patrie, d'être utile à notre cité en marchant de « nouveau avec ses enfants.

« Vous lui avez rendu sa tâche facile, par votre bonne « conduite, votre respect pour la discipline, le courage « et l'énergie avec lesquels vous avez supporté les « privations, les fatigues, les dangers, depuis le jour « où arrachés à vos familles, vous avez pris les « armes, que vous allez déposer, en emportant dans « vos cœurs, le souvenir de votre chère et bien aimée « 4me batterie, le sentiment du devoir, et l'amour de « la patrie. »

Cambrai, le 20 *Mars* 1871.

Le Capitaine, commandant la 4me batterie,
Signé : CH. DELCOURT.

La batterie marchant en colonne par 4, entra dans la ville qu'elle traversa en bon ordre, et en profond silence, elle témoignait combien chaque homme respectait le deuil général, et celui des familles de ceux qui manquaient dans nos rangs, malgré le plaisir que chacun, éprouvait de revoir ses parents, ses amis accourus à sa rencontre.

La batterie rendue à la citadelle, il y fut procédé au désarmement des hommes qui, vers sept heures regagnaient leurs foyers.

Procès-verbal établi du versement des armes dans les arsenaux de Cambrai, il fut procédé à l'emballage du grand équipement, de l'habillement et du campement pour l'envoyer à Lille au conseil d'administration, dont le Président M. le capitaine-major était en contradiction avec l'intendance, qui voulait faire faire le versement dans ses magasins de Cambrai.

Est venue ensuite la reddition des comptes. Il ne s'agissait de rien moins que d'établir les feuilles de journées et de décompte des 3me et 4me trimestres 1870 et du 1er trimestre 1871. Ces feuilles de journées et de décompte n'avaient pas été réclamées fin de chaque trimestre ; l'envoi des imprimés pour établir ces feuilles avait été fait à la veille du licenciement. Ce travail devait être fait par des sous-officiers comptables qui l'établissaient pour la première fois ; toutes ces difficultés surmontées, M. le Capitaine-Major chercha à en susciter de nouvelles ; il fit payer au capitaine 35 francs pour 35 théories égarées par les hommes auxquelles il ne prétendit pas qu'elles fussent imputées, malgré l'article 112 de l'ordonnance du 10 mai 1844. Il tenta aussi de lui faire rembourser la solde faite aux hommes pour la journée du 20 mars, s'appuyant sur ce que le procès-verbal du licenciement de la batterie portait la date du 20 mars. Il était bien établi que la batterie avait voyagé toute cette journée et que si les hommes avaient été renvoyés dans leurs familles le 20 mars au lieu du lendemain, cette mesure n'avait été prise, que dans le but d'épargner à une population qui avait été écrasée de logements militaires de l'être de nouveau. M. l'intendant n'approuva pas cette prétention, et pour donner satisfaction à tous, il fit ajouter au procès-verbal licencié le 20 mars et renvoyé le 21.

Le 16 Juillet, une circulaire de Monsieur le Préfet

du Nord donnait connaissance à Messieurs les officiers de la Mobile, que par ordre du général commandant la deuxième subdivision militaire du département du Nord ceux d'entre eux qui voulaient reprendre leurs anciens grades devaient en faire la demande à Messieurs les capitaines-majors chargés de la réorganisation de la Mobile et de la formation des cadres. Après avoir pris connaissance de cette circulaire, l'ex-capitaine de la 4me Batterie a eu l'honneur d'écrire au général commandant la deuxième subdivision militaire à Lille qu'il ne pouvait pas lui convenir de rien devoir au capitaine-major, qu'en se retirant pour ce motif, il n'en reste pas moins à la disposition du pays, tant qu'il sera à même de porter les armes et de marcher dans les rangs de ses défenseurs.

Si la 4me batterie a eu à souffrir de certaines tracasseries, comme compensation elle n'a eu qu'à se louer de l'obligeance du capitaine d'habillement : M. Pastour toujours prêt à l'aider de ses conseils ; de l'autorité supérieure militaire dont elle relevait ; de la bienveillante sollicitude de l'administration municipale, et des habitants de notre cité Cambresienne.

A Maubeuge, la batterie recevait la visite de M. Bertrand-Milcent, maire de Cambrai. Il venait s'informer de ce dont les hommes pouvaient manquer.

Le 31 décembre 1870, malgré la saison rigoureuse, les difficultés des communications dans des contrées occupées en partie par l'ennemi, le comité des Dames de Cambrai de la Société des Secours aux mobiles envoyait à Maubeuge pour chaque homme de la batterie par Mme Charles Delcourt, des chaussettes, et cache-nez en laine, des ceintures de flanelle, et des bandes en toile, de la charpie. Quelques jours plus tard la batterie recevait de M. Bertrand-Milcent les louchets et les hachettes nécessaires pour compléter ses effets de campement.

Mme veuve Deropsy-Devaux, la mère d'un canonnier de la 4me batterie lui faisait don par l'entremise de Mme Charles Delcourt, d'un manteau pour sentinelle, et d'une somme de cent francs pour l'ordinaire auquel ne mangeait pas son fils.

M. Charles Dècle de Rocourt (près St-Quentin) qui, lui aussi était venu à Maubeuge, pour s'informer de ce dont les troupes pouvaient avoir besoin, faisait remettre le 17 janvier de la part de la Société des secours aux victimes de la guerre, par M. Louis Delcourt de St-Quentin au maréchal-des-logis Tingry, commandant le détachement de la 4me batterie qui faisait alors partie de l'armée de St-Quentin, dix chemises de flanelle pour ceux des hommes qui en avaient le plus grand besoin.

Le 5 Avril le général Faidherbe, commandant en chef de l'armée du Nord accueillit favorablement la demande que lui fit l'ex-capitaine de la 4e Batterie de la médaille militaire pour son ex-maréchal-des-logis-chef et d'une pension pour la veuve et l'orphelin, de feu le brigadier Défossez.

Par décret du 7 mai, le maréchal-des-logis-chef Capliez était décoré de la médaille militaire. C'est la seule récompense qui a été accordée aux troupes qui ont défendu Landrecies. L'intendance a reçu l'ordre d'instruire la pension de la veuve et de l'orphelin du brigadier Défossez.

Les attestations des autorités civiles et militaires qui sont aux archives de la quatrième Batterie prouvent que partout elle a fait son devoir.

RAPPORT DU MARÉCHAL-DES-LOGIS

Charles TINGRY.

Monsieur DELCOURT, ex-Capitaine commandant au 3e Régiment d'Artillerie Mobile.

J'ai tardé à vous répondre au sujet du rapport dont vous me parlez, croyant trouver à mon retour chez mon père quelques documents indispensables.

J'ai le regret de vous apprendre que je n'ai rien retrouvé. Je dois du reste vous dire que je n'espérais pas le contraire, car vous vous rappelez que lors de mon évasion des mains de l'ennemi, je laissai forcément tout ce que j'avais.

Ma mémoire très-peu fidèle ne peut me servir autrement que pour vous citer par ordre les officiers supérieurs : MM. Martin, colonel d'infanterie mobile, Jovani, officier des douanes, De la Saussey, colonel du génie, et Isnard, officier supérieur d'infanterie et les combats auxquels nous avons assisté.

Reconnaissance devant La Fère et Guise, décembre 70.

Affaire de Coquibus (Aisne), 20 décembre 70.

Affaires d'importance secondaire à

Busigny et Maretz, 1 et 2 janvier 71.

Combat de Bellenglise et Bellicourt, 15 janvier 71.

Reprise de Saint-Quentin, le 16.

Bataillle de Vermand, le 17.

Bataille de Saint-Quentin, le 19.

A partir de ce jour je n'ai à raconter que mon histoire personnelle qui n'intéresse pas Monsieur le Ministre.

J'aurais voulu pouvoir vous donner les renseignements que vous me demandez, mais ne voulant faire aucune erreur, je ne puis le faire en conscience.

On comprendra du reste que ma comptabilité ainsi que mes ordres aient été perdus. Je me plais cependant à saisir cette occasion pour vous prier de signaler au ministre sur ma proposition le canonnier Favre, artificier qui m'était adjoint et au sujet duquel j'ai tenté des démarches infructueuses, pour lui faire obtenir la médaille militaire. Le brigadier Lefebvre, les canonniers Héloir, Trannoy et Démarquet ont toujours rempli leur devoir de la manière la plus remarquable.

Je termine mon incomplet travail, en vous priant d'agréer mes respects.

Signé : Ch. TINGRY,

Ex-sous-officier d'artillerie de l'armée du Nord,

Elève Ingénieur des Mines.

Cambrai, le 15 Août 1871.

Cambrai. Imp. de SIMON, rue St-Martin, 18.

BIBLIOTHEQUE NATIONALE DE FRANCE
3 7531 00761310 3

www.ingramcontent.com/pod-product-compliance
Ingram Content Group UK Ltd.
Pitfield, Milton Keynes, MK11 3LW, UK
UKHW021027200726
13857UKWH00004B/1629

9 782012 989665